COURONNEMENT
DE
N.-D. DE BETHLÉEM

LE SANCTUAIRE. — LA VIERGE MIRACULEUSE
L'ABBAYE DE FERRIÈRES

HISTOIRE ET DESCRIPTION
SUIVIES DU BREF DE S. S. LÉON XIII
ET DE
LA LETTRE PASTORALE DE
S. G. Mgr TOUCHET ÉVÊQUE D'ORLÉANS

PAR

M. l'abbé JAROSSAY

DOCTEUR EN THÉOLOGIE
CURÉ DE SAINT-MAURICE-SUR-AVEYRON

ORLÉANS
H. HERLUISON, LIBRAIRE ÉDITEUR
17, RUE JEANNE D'ARC

1898

ABBAYE DE FERRIÈRES AU XVIe SIÈCLE

COURONNEMENT

DE

N.-D. DE BETHLÉEM

LE SANCTUAIRE. — LA VIERGE MIRACULEUSE
L'ABBAYE DE FERRIÈRES

HISTOIRE ET DESCRIPTION
SUIVIES DU BREF DE S. S. LÉON XIII
ET DE
LA LETTRE PASTORALE DE
S. G. Mgr TOUCHET ÉVÊQUE D'ORLÉANS

PAR

M. l'abbé JAROSSAY

DOCTEUR EN THÉOLOGIE
CURÉ DE SAINT-MAURICE-SUR-AVEYRON

ORLÉANS
H. HERLUISON, LIBRAIRE ÉDITEUR
17, RUE JEANNE D'ARC

1898

I

ORIGINE DU SANCTUAIRE ET DE LA DÉVOTION A NOTRE-DAME DE BETHLÉEM

Les traditions les plus dignes de foi attribuent l'origine du sanctuaire de Notre-Dame de Bethléem à saint Savinien, un des disciples de Jésus-Christ. Il fut envoyé, croit-on, par saint Pierre, avec plusieurs compagnons, vers l'an 49 après la mort du Sauveur, pour évangéliser le centre de la Gaule. Ayant fixé sa résidence à Sens dont il fut le premier évêque, il vint prêcher en un lieu isolé, où il réunit quelques habitants. Une apparition miraculeuse leur fit voir la scène même de la naissance de Jésus à Bethléem, et Savinien s'écria : « C'est ici un nouveau Bethléem ». En mémoire de cette apparition, Savinien éleva, à l'endroit même où elle eut lieu, une chapelle qu'il consacra à Notre-Dame de Bethléem. Ce fut le premier sanctuaire de Marie en France. Les habitants de la contrée bâtirent quelques demeures autour ; ce fut l'origine du *Bourg de Bethléem*, qui ne fut appelé *Ferrières* que plus tard, à cause de ses mines de fer.

Quelques chrétiens, tout en menant la vie séculière, se consacrèrent au service du nouveau sanctuaire ; et, dès ces temps reculés, de nombreux pèlerins vinrent y prier la Vierge-Mère.

En 451, des troupes de soldats Huns, se retirant, selon toute probabilité, après leur défaite sous les murs d'Orléans, passèrent à Ferrières, brûlèrent la chapelle et y massacrèrent un grand nombre de chrétiens, environ 400, qui s'y étaient réfugiés.

Le roi Clovis à la prière d'Héracle, évêque de Sens, rebâtit le sanctuaire de Notre-Dame de Bethléem ; pour le desservir, et procurer aux pèlerins déjà très nombreux le service religieux, il fonda un monastère, éleva son église abbatiale tout près de Bethléem et donna aux moines de grands biens, tant pour leur entretien que pour celui des pèlerins.

Dans les guerres suscitées plus tard par la rivalité de Brunehaut et de Frédégonde, le roi Théodoric détruisit presque entièrement Ferrières et ses deux églises vers 605. Un pieux seigneur, Vandelbert, gouverneur du Gâtinais pour Clotaire II, les rebâtit, leur restitua leurs biens enlevés, et en fit hommage à la papauté. Le roi Dagobert Ier fonda dans l'oratoire de Notre-Dame de Bethléem la *messe et le salut du Roi*, qu'on y chantait chaque jour, pour la prospérité des souverains de France. Les rois de la première race, presque tous ceux de la seconde, vinrent souvent à Ferrières, attirés tant par leur dévotion à Notre-Dame de Bethléem, que par les agréments de ce séjour. Ceux de la troisième race y vinrent fréquemment aussi. Les chroniques du moyen âge ne nous disent rien de la dévotion à Notre-Dame, qui était toujours grande dans le Gâtinais, et amenait chaque année de nombreux pèlerins à Ferrières. Des miracles éclatants se produisaient de temps en temps qui maintenaient cette dévotion et en augmentaient sans cesse la ferveur.

Vers la fin de la guerre de Cent-Ans, les Anglais, forcés de quitter Ferrières, l'incendièrent, en 1426. Notre-Dame de Bethléem, la grande église abbatiale, le monastère et la majeure partie de la ville furent réduits en cendres. Ce fut Louis de Blanchefort, abbé de 1465 à 1505, qui répara le désastre. Il rebâtit, dans des conditions modestes, l'oratoire de Notre-Dame, et publia plusieurs circulaires fort pieuses pour rétablir le culte abandonné. Il fut le véritable restaurateur de la Confrérie de Notre-Dame de Bethléem qui prit, grâce à lui, une extension considérable.

Les guerres du protestantisme causèrent de nouvelles ruines. L'abbaye dévastée deux fois, les saintes reliques profanées, les deux églises pillées, une partie des religieux massacrés, c'était plus qu'il n'en fallait pour interrompre les pèlerinages ; et, de fait, ils furent suspendus pendant près de cinquante ans.

D. Guillaume Morin, grand-prieur du monastère, de 1610 à 1628, employa toute son activité au relèvement du culte de Notre-Dame de Bethléem ; écrits, démarches nombreuses, appels aux fidèles, sollicitations au roi, et demandes de faveurs spirituelles au pape, il employa tous les moyens avec un succès éclatant. Le roi Louis XIII se déclara protecteur de la Confrérie ; le pape Grégoire XV lui octroya des indulgences ; les villes de Paris et de Montargis, les seigneurs de la Cour, presque toute la population du Gâtinais se firent inscrire sur les registres de Notre-Dame de Bethléem ; les pèlerinages furent plus nombreux que jamais ; on en compta jusqu'à quatre-vingt-quatre en la seule année 1616. En même temps D. Morin fit agrandir et décorer l'église de Bethléem, donnant ainsi un élan irrésistible au mouvement religieux qui entraînait les fidèles vers Notre-Dame.

Cette dévotion se continua dans les siècles suivants, jusqu'à la Révolution, avec diverses alternatives de ferveur plus grande, et de relâchement. L'abbaye, sous les abbés commendataires, était beaucoup déchue de son antique splendeur ; néanmoins Notre-Dame de Bethléem ne cessa pas d'être honorée ; et, jusque dans les plus mauvais jours de 1790, on vit des communes entières, comme celle de Château-Landon, venir, avec leur municipalité en tête, invoquer la protection de la Vierge Marie.

Durant tout le moyen âge, on la priait pour les nécessités publiques et particulières, dans les besoins temporels et pour l'obtention de grâces spirituelles. Les épouses dont l'union n'avait point encore été féconde, lui demandaient un fils, comme la princesse de Condé, en 1640 ; les mères, dont les enfants étaient morts avant d'avoir reçu le baptême, les apportaient sur l'autel de Notre-Dame ; là on les vit plusieurs fois se ranimer, et vivre assez longtemps pour pouvoir être régénérés par l'eau baptismale. On l'invoquait surtout, et jamais en vain, dans les calamités qui désolaient tout le peuple, les fièvres malignes et contagieuses, les sécheresses prolongées.

Après la Révolution ce pieux empressement diminua, mais ne cessa jamais entièrement. Quand M. Duboutoir, acquéreur de tous les édifices formant l'abbaye, voulut démolir le sanctuaire de Notre-Dame de Bethléem, toute la ville de Ferrières protesta contre un tel sacrilège ; et, grâce à l'intervention énergique de sa municipalité, en obtint la conservation ; plus tard, quand la chute de la vieille tour de Vandelbert eut écrasé une partie de l'oratoire, le concours généreux de la population permit de le relever promptement de ses ruines.

Le culte de Notre-Dame de Bethléem n'a jamais cessé dans le Gâtinais ; il se ranime aujourd'hui plus fervent, plus vivace que jamais ; car le culte de Marie est comme le culte de Dieu, toujours fécond et toujours immortel.

II

L'ÉGLISE DE NOTRE-DAME-DE-BETHLÉEM

Le premier sanctuaire élevé en France en l'honneur de la Mère de Dieu, fut, selon toute probabilité, l'église de Notre-Dame de Bethléem. Elle n'était, primitivement, qu'un modeste oratoire, bâti par saint Savinien, en mémoire de l'Apparition miraculeuse, au lieu même où il en eut la vision. Les rares habitants de la contrée se groupèrent à l'ombre du temple de Marie, l'entretinrent

COURONNEMENT
de Notre-Dame de Bethléem
(6 septembre 1898)

PRIÈRE

O Notre-Dame de Bethléem, ma mère et ma souveraine, prosterné à vos pieds, je viens, avec une confiance sans bornes, implorer votre secours. Guérissez les malades, consolez les affligés, protégez les familles. Que la tendre sollicitude de votre cœur maternel veille sur les justes pour les soutenir, sur les pêcheurs pour les convertir et sur tous les ouvriers de la gloire divine. Soyez-nous toujours à tous bonne et secourable, et répandez, avec abondance, sur ceux qui vous invoquent, les trésors de grâce dont vous êtes la dispensatrice. Qu'ainsi la gloire de votre nom brille d'un éclat plus vif encore que par le passé, dans les siècles des siècles. Ainsi soit-il.

40 jours d'indulgence.

Imprimatur
† S. X. EP. AUREL.

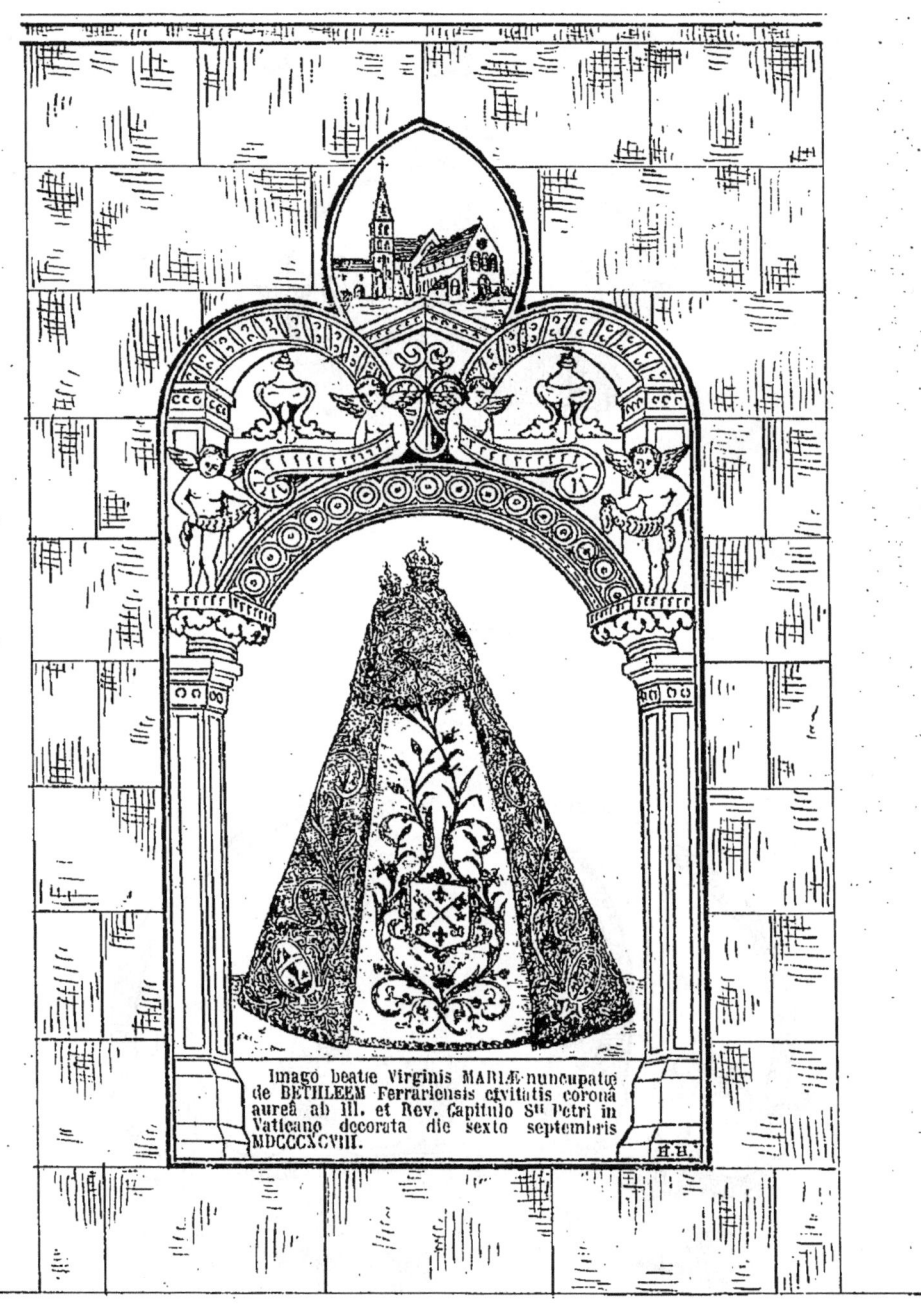

NOTRE-DAME DE BETHLÉEM
Encadrement tiré d'une verrière du XVIᵉ siècle
de l'Église abbatiale.

COURONNES D'OR BÉNITES
par S. S. Léon XIII

COURONNEMENT DE N.-D. DE BETHLÉEM

ORDRE DES CÉRÉMONIES

Officiant : S. G. Mgr TOUCHET, évêque d'Orléans.
Assistants : NN. SS. ARDIN, archevêque de Sens.
        DE BRIEY, évêque de Meaux.
        MOLLIEN, évêque de Chartres.
        CHAPON, évêque de Nice.
        T. R. P. ALBERIC, abbé mitré de Fontgombault.

A sept heures et demie : messe de communion dite par Mgr DE BRIEY.

A dix heures : grand'messe pontificale célébrée par Mgr ARDIN.

A deux heures : vêpres, sermon par Mgr CHAPON.
Cérémonie du couronnement par Mgr TOUCHET, procession solennelle ; au retour, salut et bénédiction du Très Saint-Sacrement par Mgr MOLLIEN.
Allocution par Mgr l'Évêque d'Orléans.

et l'agrandirent, en exerçant une charitable hospitalité envers les pélerins que leur dévotion y conduisait.

Quand les Huns l'eurent incendié, et massacré les chrétiens qui y avaient cherché un abri, cet oratoire demeura plus d'un demi-siècle enseveli sous ses ruines. La pauvreté des rares survivants ne leur permettait pas de le relever. Mais le souvenir du prodige accompli à Bethléem ne s'était pas effacé, non plus que celui des grâces qu'on y avait reçues pendant déjà cinq siècles.

Le roi Clovis, encore païen, venait souvent dans le Gâtinais et le Sénonais, où le fisc royal possédait de vastes domaines. A la prière de saint Héracle, évêque de Sens, ami de saint Remi, ce prince releva de ses ruines le sanctuaire de Bethléem; puis, ayant constaté qu'une affluence de fidèles venait de toute part y prier, il fonda tout auprès un monastère de religieux pour le desservir. c'était vers l'an 507.

Il ne reste rien de l'édifice de Clovis, si ce n'est le dallage formé de belles pierres carrées, qu'on a trouvé récemment sous le sol même de l'église actuelle, à plus de deux mètres de profondeur, et qui suffisent pour donner une idée de la beauté de ce monument.

Il fut de nouveau incendié et presque entièrement détruit, en 605. Vandelbert le réédifia magnifiquement et construisit près de son entrée une tour octogonale, haute de cinquante mètres, tout en pierres de taille, la même, croit-on, qui s'écroula en 1839.

Louis le Débonnaire et Charles le Chauve, qui firent exécuter de grands travaux à l'abbaye de Ferrières, reconstruisirent à leur tour, presque entièrement, l'église de Bethléem ; on retrouve quelques traces de leur œuvre dans le mur qui supporte la chaire, lequel offre les caractères d'une construction du viie siècle.

Quand on refit, au xiie siècle, l'église Saint-Pierre, on rebâtit aussi celle de Bethléem. Elle subsista jusqu'au temps où les Anglais, quittant Ferrières, incendièrent la ville, le monastère et ses deux églises. Le désastre fut si grand qu'il ne resta de cette dernière que le bas de l'abside et quelques pans de murailles calcinés. On rapporte que le soldat impie qui jeta une torche enflammée dans le sanctuaire de Marie, se sentit aussitôt brûler par tout le corps ; il courait, comme enragé, à travers la ville, et criait : « Je brûle. » Vaincu par la souffrance, il s'alla précipiter dans le puits de la chapelle de Saint-Macé, à un jet de pierre de là. Dom Étienne Le Sourd, prieur du couvent en 1610, ayant fait fouiller ce puits, on y trouva les ossements du misérable.

L'oratoire de Notre-Dame de Bethléem demeura en ruines jusqu'au temps de l'abbatiat de Louis de Blanchefort, restaurateur du monastère, qui la reconstruisit entièrement. Sur le monceau de débris accumulés par les Anglais, il édifia une chapelle, assez simple, d'une seule nef, longue de trente mètres et large de dix. C'est celle qui existe actuellement. Les larges feuilles de plomb qui couvraient l'ancienne chapelle ayant été détruites par le feu, il couvrit la nouvelle en tuiles, et la dalla de grands carreaux de briques rouges. C'était vers l'année 1580.

Environ cinquante ans plus tard, Dom Morin l'infatigable propagateur de la confrérie, voulut agrandir et orner le sanctuaire qui en était le siège séculaire. A la nef unique de L. de Blanchefort, il ajouta deux chapelles latérales, qui lui donnèrent la forme d'une croix latine, fit élever un jubé « en menuiserie » à l'entrée de la nef, et la décora de vitraux, peintures et ornements dans le goût de son temps.

En 1650, un religieux du monastère de Ferrières, D. André Michelet, consacra une somme de 3,000 livres qu'il possédait, à l'établissement d'un bel autel et rétable, tout de pierre et de marbre, dans l'église de Bethléem. A la Révolution, celle-ci fut profanée par des danses publiques, mais non endommagée. Son clocher monumental, rongé par la vétusté, s'écroula subitement en 1839, détruisant une partie de la nef. La dévotion des habitants de Ferrières pour la Vierge de Bethléem répara promptement ce malheur ; la nef fut reconstruite, sans le clocher, et l'église mise dans l'état où nous la voyons actuellement.

Notre-Dame de Bethléem, aujourd'hui simple chapelle de pèlerinage, a donc la forme d'une croix latine, propre et correcte, sans aucune recherche architecturale. « Toute sa beauté est intérieure, » comme celle de la Vierge qu'on y honore. Le grand autel et le rétable sont du commencement du xviii° siècle. Les têtes de la Vierge et de l'Enfant-Jésus reflètent le charme d'une beauté céleste. Les cinq statues qui les décorent ont un mérite inégal. Les deux anges saint Pierre et saint Paul sont des morceaux recommandables dus au ciseau de Gilles Guérin, membre de l'Académie royale de peinture et de sculpture, mort en 1678.

Un tableau du xviii° siècle occupe le milieu du rétable ; cette toile nous montre la Nativité de Notre-Seigneur. Un des personnages, agenouillé, près de la crèche, représente la reine Anne d'Autriche, mère de Louis XIV, une des insignes bienfaitrices de Notre-Dame de Bethléem. Plusieurs autres tableaux, de moindre valeur, reproduisent différentes scènes de la vie du Sauveur.

La chapelle de droite, jadis érigée en l'honneur de saint Sébastien et de saint Roch, est aujourd'hui dédiée à saint Joseph. Une verrière, remarquable surtout par la richesse des teintes, représente l'*Adoration des Mages*, par L. Lobin.

Celle de gauche, consacrée au Saint-Esprit, renferme, adossée au mur, la plate-tombe de Dom Morin, dont les restes reposent sous cette dalle. Elle nous montre l'effigie du Grand prieur de Ferrières en pied et priant, avec sa physionomie pleine d'énergie et de bonté, telle que nous la révèlent ses œuvres. Enfin une autre verrière de L. Lobin, la *Descente du Saint-Esprit* le jour de la Pentecôte, éclaire cette chapelle.

Tel est ce sanctuaire séculaire, tant de fois détruit par

— 10 —

les tempêtes humaines, et toujours rebâti ; où d'innombrables générations sont venues apporter leurs invocations et leurs offrandes, leurs douleurs et leurs espérances. Sa plus réelle beauté réside surtout dans le sentiment de piété qui saisit l'âme quand on y pénètre. C'est vraiment là le cénacle de la prière, confiante, persévérante, et toujours exaucée. Aucun siècle, y compris le nôtre, n'a voulu passer devant Bethléem, sans y entrer pour saluer la Vierge qui y règne par ses bienfaits, obéissant ainsi à l'appel que nos pères ont gravé au-dessus de la porte de son temple : *Ne insalutata hospite*.

III

LA STATUE DE N.-D. DE BETHLÉEM

D'ordinaire, les sanctuaires consacrés à la Vierge Marie, célèbres par leur antiquité, possèdent une statue, signe visible du culte rendu à la Mère de Dieu depuis de longs siècles. On connaît son histoire, on sait d'où elle vient ; les annalistes en parlent maintes fois. Il en est ainsi à N.-D. de Lorette en Italie, à Fourvières de Lyon, à Chartres, à Bétharam, à Cléry-lès-Orléans.

Cependant on ne trouve aucune trace dans le passé de la statue de N.-D. de Bethléem, dont le culte est le plus ancien de tous.

D. Morin, qui énumère les objets précieux formant le trésor de l'abbaye, pillée par les protestants, en 1569, ne parle aucunement de la statue vénérée à Ferrières. La première mention qu'on en trouve remonte seulement à 1670. Au registre des bienfaiteurs du monastère, conservé aux Archives de l'Evêché d'Orléans, on lit qu'en cette année-là une demoiselle nommée de Brunel, donna deux couronnes d'argent pour Notre-Dame et l'Enfant-Jésus, couronnes qui coûtèrent 11 livres 10 sols. Cette même année Mlle de Grandvilliers offre une robe de toile d'argent à feuillage, rayée, pour l'image de Notre-Dame. Environ cent ans plus tard, en 1749, un autre bienfaiteur donna, pour orner la Vierge de Bethléem, une robe en drap d'or, du prix de 60 livres.

C'est tout ce que nous savons.

Du temps de la Terreur révolutionnaire, une vieille femme, nommée Marie Julien, épouse du gardien de la prison de Ferrières, voulant sauver cette statue de la destruction, la prit dans la chapelle abandonnée, et la cacha dans son armoire sous des linges blancs. Quand les mauvais jours furent passés et le culte rétabli en France, elle la rendit au curé, qui la remit à son ancienne place. Cette femme vécut près de cent ans, sans douleurs ni infirmités d'aucune sorte, ce que l'on regarda, dans la ville, comme la récompense de sa courageuse action.

A défaut de documents précis sur ses origines, une étude attentive de la statue nous montrera à quelle époque elle appartient.

La vierge de Notre-Dame de Bethléem est en bois de chêne doré et vermoulu dans certaines parties. La tête, ainsi que celle de l'Enfant-Jésus, est noire, à la manière orientale.

Elle mesure 35 centimètres de haut, 13 centimètres de large à la hauteur des coudes et 10 centimètres à la base.

Coiffée d'une sorte de turban enrubanné et perlé, sa longue chevelure retombe sur ses épaules.

Le corsage de sa robe est ouvert en carré.

L'Enfant-Jésus, placé sur son bras droit, tient entre ses mains un objet qui paraît être une fiole.

Il est vêtu d'une courte robe ouverte, laissant voir une partie de son divin corps, le pied gauche manque et la cassure est déjà ancienne puisqu'elle est recouverte de la dorure.

Or, ce groupe rappelle dans un style inférieur les charmantes figurines en albâtre de l'église de Brou (Ain), dont plusieurs sont de même coiffées d'un turban ou toque.

On peut donc assigner à cette œuvre la première moitié du xvi⁰ siècle.

Nous pensons de plus qu'elle a été exécutée sous le prieurat de l'abbé Jean Pot de Rhodes, neveu de Louis de Blanchefort et son continuateur dans la restauration de Ferrières.

C'est cette statue dont le solennel couronnement a lieu aujourd'hui, 6 septembre 1898, au nom du Souverain-Pontife Léon XIII, par Sa Grandeur Mgr Touchet, évêque d'Orléans, assisté de NN. SS. Ardin, archevêque de Bourges ; de Briey, évêque de Meaux ; Molien, évêque de Chartres ; Chapon, évêque de Nice ; T. R. P. Alberic, abbé de Fontgombault, et de nombreux ecclésiastiques ou pèlerins.

Les deux couronnes bénites par le Saint-Père sont en or enrichies de pierres précieuses.

En outre, les statues sont vêtues d'une robe ou scapulaire en moire d'argent, portant les armoiries de l'abbaye de Ferrières (1), qu'encadrent des ornements ou fleurs en forme d'arabesques, ces broderies d'or et d'argent. Un ample manteau en moire d'or pour la Vierge et une chlamyde pour l'Enfant Jésus, luxueusement brodés et terminés à dextre par les armoiries de S.S. Léon XIII, et à senestre, par celle de Mgr Touchet, évêque d'Orléans, couvrent le précieux groupe.

Quelle que soit la richesse de ces ornements, ils ne formeront pas cependant le joyau le plus cher à Marie en ce jour.

Les invocations, les prières ardentes, les saintes résolutions des nombreux fidèles pressés au pied de son

---

(1) Ces armes sont : D'azur à deux clés d'or et d'argent en sautoir, accostées d'un croissant d'argent à dextre et d'une étoile du même à senestre. A deux fleurs de lys d'or, une en chef, l'autre en pointe, cette dernière surmontée d'une couronne royale.

image vénérée, seront de plus agréables hommages qui se pourront adresser à la Mère de Dieu. Elles monteront vers elle, plus précieuses à son cœur que tous les trésors du monde, pour redescendre en abondantes bénédictions sur la terre de France, dont elle a été et sera toujours la Mère et la Reine ; *Regnum Galliæ, regnum Mariæ*.

IV

DESCRIPTION DE L'ÉGLISE DE FERRIÈRES

Ainsi que nous l'avons déjà dit, la première église de Ferrières fut bâtie par le roi Clovis lorsque, vers l'an 507, il fonda le monastère qu'il adjoignit au sanctuaire de Notre-Dame de Bethléem. Il reste de cet édifice les trois niches cintrées qu'on voit dans le chœur, du côté de l'Épître. Louis-le-Débonnaire et Charles le Chauve le refirent entièrement, au commencement du ixe siècle. Les colonnes engagées dans la muraille de la nef, vers le nord, avec chapiteaux et anneaux de pierre au milieu, ainsi que la base du grand clocher, appartiennent à cette époque. En 1140, Amaury, abbé de Ferrières, commença une nouvelle église ; Dodon, son second successeur la termina, vers 1160, et le Pape Alexandre III, la consacra, le jour de la fête de saint Michel, en 1163. Louis de Blanchefort refit le chœur, les bras du transept et les voûtes, qu'avait détruits l'incendie allumée par les Anglais. D. Morin rétablit le clocher de plomb, de Charles le Chauve, au point d'intersection du transept et de la nef, en 1645 ; et les Bénédictins de Saint-Maur placèrent un nouveau maître-autel sous la coupole. A la Révolution, M. Duboutoir, acquéreur pour 30.000 livres en assignats de tous les bâtiments conventuels, démolit le clocher central, et allait consommer la ruine de tout l'édifice, quand l'énergique intervention de la municipalité le sauva, et le fit donner à la ville de Ferrières pour église paroissiale. Classée au rang des monuments historiques et habilement restaurée en 1864, par M. Just Lisch, architecte du gouvernement, elle a recouvré son antique splendeur, pour abriter, pendant de longs siècles encore, la piété des fidèles.

Cette église, sans avoir les vastes dimensions de certaines basiliques monastiques, comme celles de Pontigny, de Saint-Benoît-sur-Loire, se distingue par un caractère de noble grandeur, alliée à une élégante originalité. Son plan géométral présente l'aspect d'une croix latine parfaite, dont la longueur, dans sa plus grande branche, nef et chœur, est double de celle de la petite, transept ou croisée. La surface couverte par l'ensemble des constructions est de 60 mètres de longueur totale, sur 10 mètres de largeur à nef, et 30 mètres au transept.

Le portail principal, auquel on accède par un escalier de quinze marches, comprend dans son ébrasure cinq colonnes de chaque côté, surmontées de chapiteaux et d'archivoltes ornés de délicates sculptures. Un des chapiteaux reproduit des musiciens jouant de la viole ; les autres, ainsi que la frise sont décorés de plantes et de feuilles. Trois larges et hautes fenêtres ogivales, éclairant la nef, dominent ce portail ; un oculus, orné à bâtons rompus, couronne le tout, et complète l'ensemble de cette belle façade.

A gauche de la grande entrée se voient les restes du bas-côté écrasé, en 1739, par la chute du clocher de plomb. On ne l'a pas rebâti, mais on a conservé, en la murant, la porte inscrite dans le pignon, dite *la porte papale* parce qu'elle donnait seulement passage aux Papes qui, au moyen âge, ont visité l'abbaye. On l'ouvrait pour leur entrée, et on la murait après leur départ. Elle porte trois minces colonnes de chaque côté. Sur un des chapiteaux, on distingue encore un roi perçant un lion de son épée, et sur un deuxième, un abbé avec des moines assistant à ce spectacle. C'est le fameux combat de Pépin le Bref, qui eut lieu dans l'arène formée au bas des murailles de l'abbaye.

Un beau clocher, haut de 60 mètres, s'élève à l'extrémité du bras gauche de la croisée. Il offre dans sa structure les caractères de plusieurs styles différents. Les premières assises, où se voient des ouvertures à plein cintre, sont de la période romane. La seconde moitié, avec ses fenêtres en ogive, paraît contemporaine de l'église actuelle. Quant à la flèche pyramidale, qui le surmonte, elle présente un caractère ogival bien déterminé, sans mélange de Renaissance. Ses arêtes sont fleuronnées, et les pierres qui la recouvrent taillées en écailles de poissons. Sur chacune de ses quatre faces s'ouvre une élégante fenêtre, surmontée d'une archivolte et encadrée de deux pinacles qu'ornent des fleurs de lys.

Si, de l'extérieur, nous pénétrons dans l'intérieur de l'église, nous y voyons d'abord la nef, longue de 30 mètres, large de 10, depuis le mur situé au midi, jusqu'aux colonnes qui la séparaient du collatéral, aujourd'hui détruit, au nord. Ces colonnes, à moitié engagées dans la muraille qui a clos l'église, sont au nombre de 7 ; elles portent des chapiteaux qui soutiennent des arcs à plein cintre apparents. Quatre d'entre elles sont d'un diamètre égal, mais plus gros que celui des trois autres ; celles-ci, par contre, sont géminées ; toutes sont cerclées à mi-hauteur d'une gracieuse bague en pierre. Au-dessus s'ouvrent 6 fenêtres à plein cintre. Au midi, la nef s'appuyait contre le grand cloître ; les moines y entraient par une porte aujourd'hui murée, que couronne une gracieuse archivolte ogivale. De vastes fenêtres l'éclairent de ce côté ; elles ont conservé une partie des vitraux en grisailles de l'époque de leur construction.

De la nef, on monte par quatre degrés au transept, très vaste, qui a 9 mètres de largeur et 30 de longueur, y compris la coupole. Il finit carrément à chaque bout, percé d'une seule fenêtre. La chapelle de droite, jadis consacrée à la Sainte-Vierge, l'est maintenant au Sacré-Cœur de

Jésus, dont la statue en pierre est fort remarquable. On y voit aussi un tableau de la *Cène*, et un panneau en bois sculpté du xviiᵉ siècle, formant la table de communion. Celle de gauche est dédiée à saint Michel ; elle est éclairée par des vitraux en mosaïque, modernes, imitant ceux du xivᵉ siècle. Vis-à-vis l'autel de saint Vincent, dans le même bras, il y a une bonne copie de la *Descente de Croix*, de Rubens.

Le chœur, qui fait suite au transept, se termine par un mur à pans coupés ; il est éclairé par cinq belles fenêtres en ogive. On admire les magnifiques verrières qu'y fit placer l'abbé Pierre de Martigny, vers 1520. La première, à gauche, montre les principales scènes de la vie de la Sainte-Vierge ; la seconde, en allant vers la droite, celle de saint Pierre ; le donateur est représenté, à genoux, au bas de cette fenêtre ; la troisième est consacrée à la représentation du mystère de la Rédemption, des souffrances et de la mort de Jésus-Christ ; la quatrième reproduit la légende de saint Christophe, et la cinquième, divers événements de la vie de saint Paul et de saint Alderic, abbé de Ferrières, puis archevêque de Sens.

Ces verrières attribuées au Senonais Jean Cousin, avec leurs brillantes couleurs, éclairent merveilleusement ce chœur dont elles sont le plus bel ornement.

Au milieu du chœur s'élève ce qui reste du tombeau de l'abbé Louis de Blanchefort, restaurateur du monastère à la fin du xvᵉ siècle. Il fut plusieurs fois brisé, déplacé et replacé ; mais ce qui a survécu est encore remarquable par la finesse de l'ornementation, la beauté du dessin des personnages et l'originalité de la conception. On attribua ce chef-d'œuvre de la Renaissance à Jean Juste le père, de Tours, très habile sculpteur qui mourut en 1533.

La partie la plus digne d'attention de l'église de Ferrières est assurément la coupole située au point d'intersection de la nef et du transept. Ce monument est formé par huit piliers cylindriques en pierre, placés aux angles d'un octogone régulier de dix mètres de diamètre, et entouré d'un déambulatoire. Leur fût, à la fois svelte et robuste, s'appuie sur une base carrée et supporte un gracieux chapiteau décoré de volutes et de feuilles sculptées, où retombent les arceaux de la voûte qui s'arrondit en coupole surmontée jusqu'à une hauteur de seize mètres.

L'aspect insolite de cette œuvre où s'unissent la hardiesse et la simplicité, la force et la grâce, donne à penser qu'elle a été inspirée au moine inconnu qui en fut l'auteur par le souvenir de ces larges tours à dôme, si communes dans les basiliques carolingiennes, et que, vraisemblablement elle a été édifiée sur l'emplacement d'un monument de ce genre, existant dans celle de Charles le Chauve. On ne peut, en tout cas, s'empêcher d'admirer l'idée sublime du constructeur, qui a voulu étendre au-dessus de l'autel où s'offrait le sacrifice de la divine Victime, la magnificence de ce splendide pavillon.

Le maître-autel et le tabernacle en marbres rares, placés en 1750 au centre de la coupole par les Bénédictins de Saint-Maur sont des œuvres remarquables.

V

DESCRIPTION DE L'ABBAYE DE FERRIÈRES

Les plus sérieux motifs portent à croire que le roi Clovis fonda le monastère de Ferrières vers l'an 507, afin de confier à ses religieux la mission de desservir le sanctuaire de Notre-Dame de Bethléem, qu'il venait de relever de ses ruines, et d'assister les pèlerins qui y affluaient, dès cette époque, comme on voit encore aujourd'hui les évêques établir des communautés de prêtres, dans le même but, auprès des lieux de pélerinages modernes. A défaut d'acte authentique émanant de ce prince, presque tous les titres de donation des souverains de la première et de la seconde race renouvellent cette obligation aux moines de Ferrières. Il suffit de citer le célèbre diplôme original de Charles le Chauve, de 841, conservé aux Archives du Loiret. L'empereur y rappelle formellement que les biens qu'ils possèdent leur ont été donnés pour subvenir à leur entretien, mais aussi pour pourvoir aux besoins spirituels et temporels des chrétiens qui viennent prier à Bethléem.

Les religieux, d'ailleurs, remplirent fidèlement cette mission jusqu'à la fin.

L'existence de l'abbaye fut donc toujours intimement unie à celle du sanctuaire de Bethléem, et partagea toutes ses vicissitudes.

Plusieurs fois détruite, puis reconstruite, elle reçut de Louis de Blanchefort, à la fin du xvie siècle, la forme définitive qu'elle conserva jusqu'à la Révolution.

Un abbé commendataire, Étienne de Sainctot, fit dresser, en 1680, le plan cavalier du monastère tout entier. Dessiné sur parchemin par Me Rocher, arpenteur-mathématicien, à Gien, il mesure 0^m 615 de haut, sur 0^m 762 de large.

C'est ce plan qui va nous permettre de donner une description exacte de l'abbaye.

Au levant de Ferrières, on entrait dans une vaste cour, aujourd'hui place publique, par une porte appelée *porte de la Ville*. Elle était surmontée de salles où s'exerçait la justice abbatiale et d'une prison pour les criminels ; car le monastère, en tant que seigneur féodal, possédait sur ses domaines les droits de haute, moyenne et basse justice. A l'extrémité de cette cour, vers l'Est, s'élève le haut clocher pyramidal en pierre, au pied duquel était un petit cimetière pour la sépulture des enfants morts sans baptême, qu'on apportait à Bethléem.

A gauche, sur un large demi-cercle s'étendant depuis le clocher jusqu'à la porte, se voyaient de nombreuses constructions, servant à l'exploitation agricole des terres de l'abbaye, granges et greniers pour les blés, pressoir et cellier pour le vin, étables, écuries, hangars et ateliers divers. Le côté droit de cette cour est borné par l'église monastique de Saint-Pierre, et, devant la façade de celle-ci, séparée par un intervalle de quelques mètres seulement, la chapelle de Notre-Dame de Bethléem.

Entre les deux églises s'ouvre une porte conduisant au *palais abbatial* et au monastère proprement dit.

Ce palais, ou logis de l'abbé, était bâti en belles pierres, à deux étages ; d'un côté, au nord, il s'appuyait à la grande église ; à son autre extrémité, il joignait le *prieuré*, ou demeure du prieur. Deux tours, ayant appartenu à l'ancienne forteresse de Ferrières, dont ce palais occupait l'emplacement, lui donnaient un aspect plutôt militaire que monacal.

Derrière le logis abbatial et le prieuré, s'étendait le *grand cloître*, adossé aussi à la nef de l'église, où l'on pénétrait par une porte ouverte en son milieu. Ce lieu était le véritable centre de la vie claustrale, où les moines venaient sans cesse prier, méditer et lire. Il avait la forme d'un carré régulier, long de 30 mètres de chaque côté ; ses galeries étaient larges de 3 mètres, supportées par de robustes piliers et des arcades plein cintre, que fermaient de larges fenêtres, en sorte qu'on pouvait y séjourner par tous les temps et dans toutes les saisons.

Le quatrième côté du grand cloître longeait, vers l'est, un magnifique bâtiment qui contenait dans son étage inférieur la salle du chapitre, le réfectoire et la cuisine.

Le *chapitre* était construit tout en pierres de taille, long de 14 mètres et large de 10 ; de beaux piliers supportaient la voûte ogivale, à nervures saillantes ; des bancs de chêne l'entouraient tout entier, et des peintures en décoraient les murailles. Du chapitre, une porte donnait accès dans le *réfectoire*, dont la voûte était soutenue par six piliers de pierre, long de 36 mètres et large à proportion. Au milieu de cette immense salle, on admire encore une sorte de chaire à prêcher, creusée dans le mur ; elle est entourée de guirlandes de fleurs et de feuilles sculptées dans la pierre avec une rare perfection. C'est là que se plaçait le religieux qui faisait la lecture à ses frères, pendant leurs repas. La *cuisine* était à la suite du réfectoire ; à son milieu s'élevait, près du puits, une colonne en pierre dure, en forme de vis, qu'entourait une large table de chêne.

Au-dessus de ces salles s'étendait le *dortoir*, où il y avait 20 cellules de chaque côté, sans compter la chambre des novices ; le *chauffoir* des religieux en occupait l'extrémité.

De la salle du chapitre, une porte à deux battants, couverte de riches sculptures, conduisait à la *chapelle de sainte Elisabeth*, dont les abbés avaient fait leur oratoire particulier. Elle est à une seule nef, du plus pur style ogival ; le sanctuaire est exhaussé, et son autel, surélevé de trois marches, est placé sous un bel arc de pierre. On y aperçoit, à gauche, un enfoncement dans le mur. C'est la place où saint Aldric fut enterré et où demeurèrent ses reliques jusqu'au temps où on en fit la translation dans la grande église.

Près de cette chapelle se voyait la prison où l'on enfermait les moines coupables de quelque faute ; un escalier, creusé dans le mur, les conduisait à une sorte de tribune grillée, d'où ils pouvaient entendre la messe. Adossé à la chapelle de sainte Elisabeth se trouvait le petit cloître, appelé *cloître des Convers*, formé d'arcades non closes de fenêtres, comme celles du grand cloître ; et, au long d'un de ses côtés, la *chapelle noire*, où l'on déposait, sur la cendre, avant de l'enterrer, l'humble religieux qui venait de mourir.

Différents autres bâtiments, tels que la bibliothèque, l'infirmerie, le logis des hôtes et celui des écoliers, un moulin, des habitations pour les jardiniers et les serviteurs, complètent ce bel ensemble de constructions. Plusieurs cours et différents jardins, tant potagers que d'agrément, s'étendent de chaque côté et descendent jusqu'à la rivière la Cléry, réservés, les uns à l'abbé, les autres, aux religieux. Enfin une longue et épaisse muraille, qui fit longtemps partie de l'enceinte fortifiée de la ville, entourait cette agglomération d'édifices et la mettait à l'abri d'un coup de main ; on y remarque encore des restes de fortes tours, qui lui donnaient un caractère tout à la fois monastique et militaire.

Aujourd'hui que le fléau dévastateur de la tempête révolutionnaire a passé sur cette antique Institution, presque tout ce qu'il y avait de purement humain dans le monastère a disparu pour toujours ; il ne reste guère que ce qui portait la marque exclusivement religieuse. Le palais abbatial, le prieuré, le grand cloître, la maison de justice, les ateliers, ont été renversés par la pioche des démolisseurs ; tandis que la grande église de Saint-Pierre, la chapelle de Notre-Dame de Bethléem, l'oratoire de Sainte-Élisabeth et la salle du Chapitre se tiennent encore debout, mieux entretenus et plus honorés que jamais.

C'est que, si l'abbaye de Ferrières a cessé d'exister, le culte de la Mère de Dieu qui l'avait précédée dans ces lieux, lui a survécu, et semble grandir encore de nos jours, en associant ces sanctuaires à sa bienfaisante immortalité !

APPENDICE

BREF

DONNÉ A ROME LE 12 MAI 1898

Marianus tituli Sanctæ Cæciliæ S. Romanæ Ecclesiæ presbyter Cardinalis Rampolla del Tindaro Sacrosanctæ Patriarchalis Basilicæ Principis Apostolorum de Urbe Archipresbyter Sacræ Congregationis Rev. Fabricæ Præfectus necnon Capitulum et Canonici ejusdem Basilicæ.

R. P. D. Stanislao Touchet, Episcopo Aurelianensi in Gallia, quem Nostra observantia prosequitur, Salutem in Christo qui est omnium vera salus.

Ut honor erga Beatissimam Virginem Mariam Dei Matrem augeatur, ac fideles magis excitentur ad impensius sibi validissima Ejus auxilia concilianda, R. D. Guilldoux, Parochus Ferrariæ in Agro Vastinensi diœcesis Tuæ, exposuit in sua paroecia extare antiquum Sanctuarium *B. Virgini Bethleem parienti* dicatum; ibique Imaginem ejusdem B. V. religiose servari, quæ miraculorum et gratiarum copia celebris, sub eodem titulo, singulari et constanti populi frequentia, pia devotione colitur; hinc cupere istam fidelium devotionem in dies foveri et augeri. Quapropter fretus historici documentis. Nos ad quos Sacras Beatissimæ Virginis Mariæ Dei Genitricis Imagines vetusta fidelium veneratione cœlestiumque prodigiorum fama insignes coronandi jus et honor spectat, enixius rogavit, ut illa sacra Imago a Nobis aurea corona decoretur. Quæ quidem, cum commendata sint ab Amplitudine Tua, nequiverunt omnium Nostrum animos in petita non inclinare, idque libentius, quod pro certo habemus sacram hujusmodi cæremoniam maximi futuram solatii universæ diœcesi Aurelianensi.

Hisce itaque perpensis, Nos in Capitularibus comitiis die octava vertentis Maii legitime in Domino habitis, exhibita de re documenta ad trutinam revocavimus et ex eis recognovimus et comprobavimus vetustam illam Imaginem jamdiu in summa veneratione et amore haberi : ad Eam fideles utriusque sexus atque ex omni ætate et ordine exoratum confluere : neque diei tempus esse ullum quod vacet frequentia supplicum et peregrinantium : Ipsos Romanos Pontifices, virosque Principes Illam honore studioque prosequi consuevisse, prodigia autem insignesque gratias efficere ut fidelium pietas et fiducia quotidie augeri videatur.

Quare Nos considerantes in præfata Imagine reapse convenire omnia quæ pro solemni Ejusdem coronatione requiruntur, preces exhibitas, utpote religioni ac pietati congruentes libentissime excepimus, et ad Majorem Dei Omnipotentis gloriam qui Beatissimam Virginem Mariam Unigeniti Filii Sui Matrem singularibus honoribus et privilegiis cumulare dignatus est, ad augendum Deiparæ cultum, unanimi suffragio decrevimus et mandavimus memoratam sacram Imaginem *Deiparæ Virginis de Bethleem* aurea corona decorari.

Ut vero solemnis coronatio fieri possit et valeat, Nos munus Tibi, Amplissime Domine, demandandum duximus et per præsentes demandamus, quatenus nomine nostro hunc honorem Deiparæ deferas Ejusque capiti sacratissimo in dicta Imagine coronam auream imponas, ac ipsam coronationem, quo die volueris, juxta ritum præscriptum ad usum Basilicæ Nostræ in libello typis edito cui titulus « Ordo servandus » quem mittimus exequaris: quod quidem pietati Tuæ acceptissimum futurum censemus. Facimus Tibi pariter potestatem subdelegandi alium in ecclesiastica dignitate constitutum, si forte quacumque de causa fueris detentus, ad eumdem sacrum ritum explendum.

In quorum omnium fidem has præsentes litteras ab Illustrissimo et Reverendissimo Domino Collegii Nostri Canonico ab actis subscriptas sigilloque Capitulari munitas qer infrascriptum Nostrum Cancellarius expediri jussimus.

Datum Romœ ex Aula Capitulari anno Incarnationis Domini millesimo octingentesimo nonagesimo octavo, die duodecima mensis Maii. Indictione Rma XI. Pontificatus SSmi in Christo Patris et D. N. Dni Leonis divina providentia Papæ XIII anno vigesimo primo.

Canonicus Felix CAVAGNIS, *ab actis*

Philibertus POMP, *cancellarius*.

LETTRE CIRCULAIRE
DE MONSEIGNEUR L'ÉVÊQUE D'ORLÉANS
ANNONÇANT LE COURONNEMENT
DE NOTRE-DAME DE FERRIÈRES EN GATINAIS

Mes très chers Frères,

De temps immémorial, les Souverains Pontifes, sur la relation du Chapitre de Saint-Pierre, ont décerné des couronnes aux Vierges spécialement révérées dans l'univers catholique.

Vous trouveriez comme conditions ordinaires de cet hommage, que le Sanctuaire ainsi honoré soit connu pour son antiquité, célèbre par des prodiges, fréquenté enfin par le concours des pélerins.

Ce fut en s'appuyant sur ces motifs que Mgr Dupanloup obtint, il y a une quarantaine d'années, le couronnement de Notre-Dame de Cléry.

Dès mon arrivée dans le Diocèse, M. l'abbé Guilldoux, curé de Ferrières, me proposa de solliciter la même faveur pour Notre-Dame de Bethléem, dont il administre la chapelle.

Je lui demandai de vouloir bien me faire quelque crédit, afin d'étudier l'affaire et d'y réfléchir avec maturité.

Ma conviction s'établit assez vite.

Je n'affirmerais pas, comme le vieil historien du Gâtinais (1), citant un distique plus précieux peut-être au patriotisme local qu'à la poésie, qu'il n'est aucun lieu du monde plus saint que ce petit coin de terre dit « de Bethléem. »

Omnia si lustres alienæ climata terræ,
Non est in toto sanctior orbe locus.

Mais je dirais assez volontiers qu'en notre pays de France il est peu d'endroits plus embellis des rayons de l'Histoire et des nuées charmantes de la Légende religieuse.

Aussi, l'occasion nous ayant semblé propice, au mois d'avril dernier nous adressâmes de concert, M. l'abbé Guilldoux et moi, notre supplique à Léon XIII, par l'intermédiaire autorisé de MM. les Chanoines de la Basilique Vaticane ; et l'Auguste Pontife daigna l'accueillir avec faveur.

(1) Dom Morin.

Notre-Dame de Bethléem sera donc couronnée solennellement, le mardi 6 septembre prochain.

Bethléem ! que de souvenirs attendris évoque ce nom. C'est une étable ouverte aux vents et aux passants ; une crèche remplie de paille ; le froid qui mord sous le ciel inclément. Bethléem ! c'est un petit enfant qui vagit ; un vieillard qui contemple ; une jeune mère qui adore dans l'extase de l'amour et de la foi. Bethléem ! c'est une mélodie d'anges qui passe au-dessus de la cabane, ravissant la nuit ; ce sont des bergers qui accourent ; c'est une étoile qui s'arrête, comme séduite par un spectacle jamais renouvelé ; ce sont des mages qui se prosternent ; c'est le Ciel et la Terre commençant leur réconciliation devant un Berceau, en attendant qu'ils la concluent et la scellent devant une Croix. Bethléem ! c'est Dieu devenu enfant, l'Infinie Puissance incarnée en l'Infinie Petitesse ; c'est la poésie, la théologie, l'amour du Tout-Puissant émouvant la concience humaine de leurs secousses les plus profondes et les plus purifiantes ; c'est l'égalité et la fraternité fondées ; c'est Dieu s'inclinant ; c'est la Terre relevée ; c'est Satan vaincu, c'est la liberté redressée ; c'est le péché expié ; c'est le Ciel ouvert.

Or, notre Bethléem de Ferrières, s'il faut en croire la Tradition, revit ces merveilles dont avait été témoin Bethléem de Juda.

En ces temps-là, en effet, onze années après l'ascension du Christ, Savinien, le fondateur martyr de l'illustre Eglise de Sens, Potentien, son frère d'armes, et Altin, le premier Evêque d'Orléans, priaient dans l'oratoire étroit qu'ils avaient construit sur les bords de la Clairie, à Ferrières.

Envoyés par Pierre (1) pour évangéliser ces régions Sénonaises et Carnutes qui avaient donné récemment plus d'un souci aux légions de César, les missionnaires ne rencontraient que dureté de cœur.

Les farouches peuplades druidiques, après s'être montrées vaillamment rebelles à l'épée de Rome, se montraient douloureusement indociles à l'Evangile du Christ.

Or, vint la nuit de Noël.

Le Maître estima-t-il qu'il devait à ses Apôtres une récompense de leurs efforts et un encouragement de leur zèle ?... Qui le dira ? Toujours est-il qu'il s'accomplit, dit-on, un beau prodige. Tandis qu'ils priaient, soudain le sanctuaire étincela d'une vive lumière. Puis, la Vierge apparut : elle pressait son fils sur sa poitrine, telle autrefois dans la grotte du chemin

(1) Nous n'hésitons pas à adopter l'opinion traditionnelle quant à « l'apostolicité » de nos églises. Quelque estime que nous professions pour les connaissances de ceux qui ont attaqué cette apostolicité, nous devons dire que leurs arguments nous paraissent faibles devant les raisons de ceux qui défendent la Thèse ancienne. Nous recommandons à ceux qui voudraient se faire une idée assez complète de cette question, le beau livre de M. le chanoine Hénault : « Origines chrétiennes de la Gaule celtique. »

d'Hébron. Un cortège d'anges accompagnait la Mère et le Fils. Des voix chantèrent l'hymne triomphal des temps nouveaux : Gloire à Dieu au plus haut des Cieux : paix sur la terre aux hommes de bonne volonté !

Et Savinien s'écria : « Ici, en vérité, c'est la seconde Bethléem (1) ».

A compter de ce jour, Bethléem de Ferrières est mêlée aux principaux événements de notre histoire nationale.

Par exemple : la formidable chevauchée des Barbares s'ébranle ; elle passe, repasse, passe encore sur l'Empire effaré ; notre Gaule est la première atteinte par les Huns, les Vandales, les Goths, et cent autres peuplades sauvages. Bethléem de Ferrières leur fournit des martyrs.

Soit lassitude d'avoir beaucoup couru, soit attrait des lieux qu'ils ont rencontrés, Francs et Burgondes se sont à peu près assis, qui sur les bords de la Seine et de la Loire, qui aux racines de notre Côte-d'Or et aux rives de l'Yonne. Il faut leur faire prendre contact et préparer leur unification. Bethléem de Ferrières trouve des négociateurs pour cette entreprise. Clovis en chasse y rencontre Clotilde en pèlerinage ; et l'union qui devait amener la grande et magnifique scène du Baptistère de Reims se noue.

Mais voici que les descendants chevelus de Mérovée vont disparaître. Détruits par les brutalités sauvages de Childebert et de Clotaire d'abord, puis par la querelle tragique de la Neustrienne Frédégonde et de l'Ostrasienne Brunehaut ; énervés par leurs débauches personnelles, plus encore peut-être par les débauches de leurs pères ; vieillards, tous, dès leur trentième année, ils marchent rapidement vers le tombeau sans gloire qui attend les races abâtardies. Les maires du palais, ministres d'hier, rois de demain, se substituent à eux ; la famille des Pépin à la famille de Clovis : Bethléem de Ferrières les attira.

Le second Pépin, le fils de Charles au Marteau et le père de Charles le Grand, y accomplit un exploit dont le souvenir est demeuré gravé dans la mémoire des peuples. On vous montrera, en effet, tout proche de l'église, sous les murailles de l'ancienne abbaye, un vaste cirque, dont l'ellipse, s'il me souvient exactement, n'a pas été trop défigurée. C'est là, vous dira-t-on, que le premier Carlovingien, venu pour se confier à Notre-Dame-de-Bethléem, peu après avoir été sacré par le pape Etienne III (2), se jeta dans l'arène où combattaient un

---

(1) « Forte recurrentibus temporibus, solemnis aderat dies, quo Christus Dominus in Bethleem Juda natus nostram induerat mortalem naturam, dumque ii (Savinianus, Potentianus, Altinus) orationibus et vigiliis intempestæ noctis hora vacant, ecce subito circumfusum insolito lumine sacellum, atque stipatum angelicis choris, inter ubera matris puerum Jesum, eâdem in forma planè quâ multis annis ante venerat in mundum, majore tamen cum majestate. »
Leçon du Bréviaire de Ferrières, citée par Dom Morin : *Histoire du Gâtinais*.

(2) Quelques-uns pensent que Pépin fut sacré par saint Boniface, l'apôtre de la Germanie. Cf. Michelet, *Histoire de France*, t. II.

lion et un taureau, et tua de sa main les deux bêtes en furie, afin de montrer sa force à ses leudes émerveillés.

En ces mêmes lieux, quelques années plus tard, on vit le géant de l'âge barbare, celui dont la gloire domine presque toute gloire et le nom tout nom, Charlemagne. Tantôt il y priait, tantôt il y conversait avec le Saxon Alcuin et sans doute aussi avec l'homme le plus lettré du temps, Théodulphe d'Orléans (1).

La prospérité dura quelques siècles autour du sanctuaire vieux déjà, alors que tant d'autres devenus considérables n'étaient pas encore debout. Les noms de saint Aldric, archevêque de Sens, et d'Hugues de Pontigny, évêque d'Auxerre, ceux du pape Jean VIII, de l'empereur Charles le Chauve, de Loup Servat, de Philippe Ier, de Philippe-Auguste, illustrent ses annales. Puis Bethléem de Ferrières ne connaît plus guère que le malheur, semble-t-il.

L'école fondée par Alcuin se dépeuple ; les écoliers vont ailleurs. Les Anglais de la guerre de Cent Ans, chassés de Montargis dans le généreux effort de 1426, s'abattent sur Ferrières : ils brûlent tout, maisons des particuliers, usines des maîtres de forges, églises paroissiales, abbaye des moines, sanctuaire de la Vierge. Enfin les Protestants, en 1568, ayant emporté d'assaut la vaillante petite cité, la livrent à un pillage de trois jours. Ce fut atroce. Rien n'est pire que les guerres religieuses et civiles. La rage et la folie y atteignent des cimes d'horreur, que ne connut jamais, si monstrueuse soit-elle, la guerre avec l'étranger.

Ces vicissitudes, cette fortune heureuse ou contraire ont servi, dans le plan divin, à graver l'idée de Notre-Dame de Bethléem dans l'âme populaire. A force d'entendre prononcer un nom, qu'il soit associé à des scènes de joie ou bien à des scènes de désolation, le peuple le retient Les foules finirent, en effet, par s'éprendre de la Vierge consolatrice. Elles allèrent lui conter leurs inquiétudes, leurs détresses, leurs douleurs. A elles se sont mêlés souvent Seigneurs, Prélats, Rois, grandeurs d'un Etat public qui n'est plus : sur les sommets où ils habitaient, la souffrance n'était pas plus rare que dans les plaines où fréquentait le vulgaire. Quand ils surent se faire petits — et ils le surent habituellement aux âges de foi — Marie abaissa sur eux un regard de maternelle pitié. Tous les humbles, humbles de condition, humbles de volonté, sont les fils de la Mère très humble.

Plus communément toutefois, elle réserva ses bienfaits à la multitude. Ce devait être : la multitude est le nombre, donc la vaste misère.

Vous représentez-vous, mes très chers Frères, la longue procession d'endoloris qui sont passés en ce lieu ? Carnutes et Sénonais impatients du joug Romain ; chrétiens proscrits des premiers siècles ; compagnons de Clovis à peine sortis de la

(1) Dom Morin.

cuve baptismale de Reims ; soldats de Charlemagne arrêtés entre deux courses par delà les Pyrénées ou par delà le Rhin ; moines austères éperdus de la passion d'aimer Jésus et de le connaître ; pauvres *Jacques* du moyen âge, battus, foulés, meurtris par l'homme de guerre casqué et cuirassé ; patriotes contemporains de notre Jeanne rendus à l'espérance par des exploits dont ils étaient les premiers à recevoir la nouvelle ; tristes victimes de nos discordes religieuses ; enfin, pour abréger, hommes de notre siècle, sceptiques sinon sur tout le reste, au moins sur beaucoup de choses, retrouvant cependant en quelque retraite de leur âme un reste de foi pour la Vierge qui bénit et qui sauve.

Quel spectacle que cet enchaînement des choses ! Tout passe donc, mon Dieu, tout ! races de rois, civilisations, trônes et empires ; tout se réduit à une poussière, à un brouillard, à travers lesquels l'histoire même, la perspicace histoire, hésite et discerne mal les événements. Rien ne demeure que vous, et les objets qui vous tiennent et auxquels vous communiquez une part de la permanence et des énergies de votre Etre, l'Eglise, vos Saints, Marie !

Fait digne de remarque, ce furent les enfants surtout qui bénéficièrent de la bonté de Marie au Sanctuaire de Ferrières. Quand une mère éplorée, tremblante, tombait à ses pieds, la priant pour son cher petit que la maladie tuait, Marie, je pense, contemplait Jésus serré sur son sein, comme dit la légende, et comprenant par son amour même ce que devait sentir la suppliante, elle l'exauçait.

C'est pourquoi les chroniqueurs ont surtout gardé le souvenir de guérisons, même de résurrections d'enfants. C'est pourquoi aussi tant de pères, tant de mères affiliaient jadis leurs nouveau-nés à la pieuse Confrérie de Bethléem. Il leur semblait — et c'était la vérité — que la Vierge de Ferrières garderait leur trésor.

Combien je voudrais voir se rétablir ces pieuses et simples pratiques,

Telle est l'histoire de notre chapelle de Ferrières.

J'ai l'espoir, plus que cela, j'ai la certitude que les fêtes du couronnement seront belles.

Plusieurs prélats, qui nous ont fait la grande joie et le grand honneur d'accepter notre invitation, daigneront y participer : Mgr l'Archevêque de Sens, Mgr l'Evêque de Meaux, Mgr l'Evêque de Chartres, Mgr l'Evêque de Nice, qui veut bien nous donner le sermon de la journée.

Un grand nombre de prêtres, de nombreux fidèles, de notre Diocèse et des Diocèses voisins, se proposent d'assister à la solennité. La ville de Ferrières se prépare à ressusciter les belles manifestations de foi qu'elle connut jadis. Le Séminaire des Missions étrangères, notre hôte jusqu'en septembre, apportera au milieu de ce concours sa note de piété et de juvénil héroïsme.

Qu'il y en ait donc qui se lèvent et viennent non seulement du Gâtinais mais de notre Beauce, mais du Val et de la

Sologne plus loitaine, mais des pays de Nemours, de Château-Landon, de Sens. Qu'il circule parmi nous comme un renouveau de piété envers Marie ; et par Marie puissions-nous aller à Jésus. Lui seul est le principe et le terme. Nous ne nous adressons à la Mère que pour parvenir jusqu'au fils : *ad Jesum per Mariam*.

Notre-Dame de Bethléem, bénissez notre Diocèse ! Bénissez les Diocèses qui nous entourent et qui se joindront à nous pour vous chanter. Bénissez notre France ! Vous l'avez vue naïve et hésitante en ses essais, en ses premiers pas de nation civilisée ; aujourd'hui elle est l'aînée des peuples et toujours la maîtresse du progrès, au moins par quelque côté.

Bénissez-la, vieillie, comme vous l'avez bénie jeune. On dit que bientôt elle ne croira plus à rien : c'est faux. Mais dût-elle ne croire à rien qu'elle croirait encore en vous. Bénissez-nous ! Bénissez-la !

A CES CAUSES,

Le saint nom de Dieu invoqué, Nous avons ordonné et ordonnons ce qui suit :

ARTICLE PREMIER. — Le mardi 6 septembre prochain, avec la grâce de Dieu, pour la gloire de Notre-Seigneur Jésus-Christ et l'honneur de la Bienheureuse Vierge Marie, nous couronnerons solennellement la statue de Notre-Dame de Bethléem à Ferrières.

ART. 2. — Nous rappelons et publions de nouveau à cette occasion, autant que de besoin et de droit, les indulgences accordées à perpétuité au sanctuaire de Ferrières, notamment par les Souverains Pontifes Grégoire II, Alexandre III et Grégoire XV.

ART. 3. — Nous exhortons ceux de nos prêtres et des fidèles de notre Diocèse qui le pourront, à venir célébrer avec nous le couronnement de Notre-Dame de Ferrières.

ART. 4. — La solennité comportera : le matin, une messe de communion générale, une messe pontificale célébrée dehors si le temps le permet, par Mgr l'Archevêque de Sens ; et l'après-midi, les vêpres, le sermon prononcé par Mgr l'Evêque de Nice, le couronnement, la procession avec la Vierge couronnée, le salut du Saint-Sacrement et enfin une très courte allocution prononcée par Nous-même.

ART. 5. — Sera notre présente Lettre circulaire lue et publiée au prône dans toutes les Eglises et Chapelles de notre Diocèse, le matin du jour de l'Assomption, fête principale de la Très Sainte Vierge Marie, notre mère.

Donné à Orléans, sous le sceau de nos armes et le contre-seing du secrétaire-général de notre Evêché, le 10 août 1898, en la fête de saint Laurent.

† STANISLAS, *Evêque d'Orléans.*

Par Mandement de Monseigneur ;
E. FILIOL, *Chanoine honoraire, Chancelier.*

Orléans, imp. P. Pigelet

www.ingramcontent.com/pod-product-compliance
Lightning Source LLC
Chambersburg PA
CBHW060703050426
42451CB00010B/1245